Bibliografische Information der Deutschen
Nationalbibliothek:
Die Deutsche Nationalbibliothek verzeichnet diese
Publikation in der Deutschen Nationalbibliografie;
detaillierte bibliografische Daten sind im Internet über
http://dnb.d-nb.de abrufbar.

Impressum

© 2016 Edition Schönblick
Verfasser: Kurt Cardinal Koch
Herstellung und Verlag: BoD - Books on Demand,
Norderstedt

ISBN 978-3-73-922325-4

Edition Schönblick

CHRISTENVERFOLGUNG UND ÖKUMENE DER MÄRTYRER

EINE BIBLISCHE BESINNUNG

Kurt Cardinal Koch

VORWORT

Lieber Leser,

vom 15.-18. November 2015 hatten wir vom „Schönblick" zusammen mit der Evangelischen Nachrichtenagentur „idea" zum 4. Mal zum Kongress „Christenverfolgung heute" eingeladen. Über 600 Teilnehmer zeigten reges Interesse.

Kardinal Kurt Koch hat einen eindrücklichen Lehrvortrag gehalten, der hier nun schriftlich vorliegt. Seine Ausführungen verbinden das biblische Zeugnis mit der Erfahrung von Christen durch die Geschichte der Kirche und Kontinente bis heute. Die Erfahrung des Martyriums vermittelt eine Christusnähe und geistliche Einheit, die Kirchengrenzen überschreitet. Eine beachtenswerte ökumenische Dimension!

Dem Büchlein ist ein wichtiges Dokument einer ökumenischen Versammlung in Tirana (2015) zu den Herausforderungen der Christenverfolgung beigefügt.

Ebenso finden Sie die Aufforderung des Kongresses an die Abgeordneten des Deutschen Bundestages, den erstmaligen Bericht der Bundesregierung zur Lage der „Religionsfreiheit weltweit" in Zukunft fortwährend erstellen zu lassen.

Zum Schluss sind die Kooperationspartner präsentiert, die diesen Kongress mittragen und einen wertvollen Dienst für die verfolgten Christen leisten.

Ich wünsche dem Vortragsband eine weite Verbreitung und dem Leser ein tieferes Ver–ständnis für das Evangelium.

Kuno Kallnbach
Seminarleitung Schönblick

ZUM GELEIT

Als Kurt Kardinal Koch diesen programmatischen Vortrag in Schwäbisch Gmünd hielt, stand er (und ich) noch ganz unter dem Eindruck der ersten globalen, praktisch alle Konfessionen und Kirchen umfassenden Konsultation „Diskriminierung, Verfolgung, Martyrium" in Tirana, der Hauptstadt Albaniens. Dort hatte Kardinal Koch den Vorschlag gemacht, dass sich die christlichen Kirchen zuerst zu ihrer eigenen Schuld bekennen, bevor sie an ihre Verfolger heute appelieren. Das fand dann ohne Gegenstimme Eingang in das Abschlussdokument: „Wir tun Buße darüber, dass wir zeitweise in der Geschichte einander oder andere Religionsgemeinschaften verfolgt haben und wir bitten einander um Vergebung und beten für neue Wege, Christus gemeinsam nachzufolgen."

Der einstige Bischof von Basel und Präsident der Schweizer Bischofskonferenz, der 1987 über den evangelischen Theologen Wolfgang Pannenberg promoviert hatte, wurde Mitte 2010 von Papst Benedikt XVI. zum Präsidenten des Rates zur Förderung der Einheit der Christen ernannt, übrigens als Nachfolger von Walter Kardinal Kasper, der vor zwei Jahren bei unserem Kongress sprach. Papst Franziskus bestätigte

Kardinal Koch Anfang 2014 in seinem Amt als Präsident.

Doch die Liebe des Kardinals für verfolgte Christen ergibt sich nicht einfach aus seinem Amt, sondern er ist auch unabhängig davon immer eine erste Adresse in Rom für alle gewesen, die sich mit Christenverfolgung beschäftigen. Aus vielen Begegnungen weiß ich, dass er das Schicksal der leidenden Glaubensgeschwister nie aus den Augen verliert, gleich welche Frage gerade das eigentliche Thema ist.

Ein Glücksfall für die Ökumene! Denn so findet das Thema Christenverfolgung intensiv Eingang in die ökumenischen Bemühungen. Und damit sind wir beim vorliegenden Vortrag, in dem Kardinal Koch noch einen Schritt weitergeht und die gesamte Ökumene und Jesu Auftrag, dass die Kirche eins sein soll, von der Einheit der Märtyrer her denkt. Sie leben bereits im Himmel in Gemeinschaft mit dem Märtyrer schlechthin, Jesus Christus, während für uns hier in Bezug auf manche Hindernisse zwischen den Kirchen noch ein anstrengender Weg vor uns liegt. Die Ökumene des Blutes, auf die Papst Franziskus so oft verweist, bedeutet für Koch, dass die Beziehungen aller Kirchen und Christen untereinander nur vom Opfer Jesu Christi her gedacht werden können, das sich im Sterben der Märtyrer immer neu bewahrheitet.

Übrigens: Der bischöfliche Wahlspruch Kochs seit 1995 folgt Kolosser 1,18 und lautet: «Christus hat in allem den Vorrang». Wohl alle Zuhörer haben das aus jedem Satz des Vortrages herausgespürt.

Prof. Dr. phil. Dr. theol. Thomas Schirrmacher

Vorsitzender der Theologischen Kommission und Moderator für zwischenkirchliche Beziehungen der Weltweiten Evangelischen Allianz

CHRISTENVERFOLGUNG UND ÖKUMENE DER MÄRTYRER

EINE BIBLISCHE BESINNUNG

KURT CARDINAL KOCH

„Wenn ein Glied leidet, leiden alle Glieder mit." In dieser Weisheit im Ersten Brief des Apostels Paulus an die Gemeinde in Korinth (12, 26) kann man die Grunderfahrung jener Glaubens–gemeinschaft sehen, die sich Kirche nennt. Denn niemand kann *allein* Christ sein, wie bereits der frühchristliche Kirchenschriftsteller Tertullian formuliert hat: „*Ein* Christ ist kein Christ." Christ sein kann man vielmehr nur in der Gemeinschaft der Kirche. Denn Christen sind Glieder eines Leibes. Wenn am Leib ein Organ schmerzt, dann betrifft dies nicht nur dieses Organ, sondern berührt den ganzen Leib. Im Zeitalter der Ökumene weitet sich der Horizont dabei auf alle Christen. Wir haben den grösseren Leib Christi entdeckt. Und wir nehmen ihn als verwundeten Leib wahr, zumal in der heutigen Zeit, in der so viele Christen dem Leiden und der Verfolgung ausgesetzt sind. Die Christenverfolgungen heute berühren die ganze Ökumene und stellen uns vor die Frage, was sie für uns Christen in der heutigen Zeit bedeuten.

1. Christenverfolgungen in Vergangenheit und Gegenwart

Wenn wir heute von Christenverfolgung und Martyrium reden hören, handelt es sich dabei einfach um historische Erinnerungen, die unser gegenwärtiges Leben kaum mehr existenziell berühren? Im durchschnittlichen Bewusstsein der Menschen und selbst der Christen heute sind Christenverfolgung und Martyrium Themen der Vergangenheit, die vor allem in der historischen Abteilung des Wissens verortet sind. Man pflegt mit diesen Themen vor allem Erinnerungen an Vergangenes zu verbinden. Man denkt an die Steinigung des Stephanus, über die uns die Apostelgeschichte berichtet. Man erinnert sich an die verschiedenen Verfolgungswalzen, deren sich in der frühen christlichen Zeit die römischen Kaiser bedient haben, um die „Atheisten", wie die Christen damals bezeichnet worden sind, aus der Gesellschaft zu eliminieren. Man erinnert sich auch, dass die Geschichte der christlichen Mission vor allem in Japan und China, in Korea und Uganda weitgehend eine Märtyrer-Geschichte gewesen ist. Es ist gewiss im Bewusstsein auch des 20. Jahrhunderts präsent, dass unter den Terrorregimes des Nationalsozialismus und des Sowjetkommunismus eine unvorstellbare Zahl von Christen und Christinnen um ihres Glaubens willen verfolgt und hingerichtet worden sind und dass am Beginn des vergangenen Jahrhunderts mit dem Armenier-Genozid die erste grosse Christenverfolgung in der Neuzeit stattgefunden hat. Von daher drängt sich das Urteil auf, dass es in keinem Jahrhundert so viele christliche Märtyrer wie im 20. Jahrhundert gegeben hat.

Als jedoch das sowjetische Terrorregime zusammengebrochen, die Berliner Mauer zu Fall gekommen und der Eiserne Vorhang aufgehoben worden ist, sind nicht wenige Menschen der Meinung gewesen, es gebe jetzt keine Christenverfolgungen mehr, es sei vor allem die Zeit der universalen Anerkennung der Menschenrechte und vor allem der Religionsfreiheit als des fundamentalsten Menschenrechts angebrochen. Dabei handelt es sich um eine völlig naive Fehleinschätzung der heutigen Situation, die spätestens von den Berichten über die Gräueltaten der satanischen Terrororganisation „Islamischer Staat" im Nahen Osten korrigiert werden musste.

Diese Erscheinungen haben zugleich bewusst gemacht, dass am Ende des zweiten und am Beginn des dritten Jahrtausends die Christenheit erneut zur Märtyrerkirche geworden ist. Heute müssen wir eine neue Generation von Märtyrern wahrnehmen, die ein solches Ausmass angenommen hat, dass man nicht um das Urteil herumkommt, dass es heute mehr christliche Märtyrer gibt als während den Christenverfolgungen in den ersten Jahrhunderten. Achtzig Prozent aller Menschen, die heute wegen ihres Glaubens verfolgt werden und unter Diskriminierungen, schwerwiegenden Benachteiligungen und zum Teil heftigen Anfeindungen leiden müssen, sind Christen und Christinnen. Der christliche Glaube ist in der heutigen Welt die am meisten verfolgte Religion. Man muss insgesamt davon ausgehen, dass heute in 25 Ländern Christen und Christinnen wegen ihres Glaubens von Misshandlungen, Gefängnis und Tod bedroht sind. Und man darf es nicht verschweigen, dass heute grausame Christenverfolgungen auch und vor allem im Nahen Osten stattfinden.

Dass von dieser erschreckenden Realität in den Medien kaum die Rede ist, muss man als Skandal bezeichnen und nach den Gründen für dieses seltsame Phänomen fragen. Eine sehr harte

Antwort, die aber zu denken geben muss, hat vor einigen Jahren der Journalist Jan Ross von der Wochenzeitung „Zeit" gegeben, wenn er geurteilt hat, das Christentum sei „die meistverfolgte Religion auf der Welt, wofür sich freilich bei uns kaum einer interessiert, weil es dem abend-ländischen Selbsthassklische widerspricht". Es ist unübersehbar, dass in unseren weithin säkulari-sierten Gesellschaften Europas manchmal eine feindselige Haltung gegen das Christentum vor allem in bestimmten Medien mit Händen zu greifen ist. In der veröffentlichten Meinung wird nicht selten die Behauptung vertreten, das Christentum sei an beinahe allen Übeln der Menschheit schuld: der Überbevölkerung, der AIDS-Epidemie, kriegerischen Auseinander-setzungen und sogenanntem fundamentalis-tischen Verhalten. Wir Christen werden immer häufiger als Fremdkörper oder gar Störenfriede in einer neuheidnischen Gesellschaft empfunden, wenn wir deren Konsense nicht mittragen, sondern als Christen und Christinnen vieles nicht zu tun bereit sind, was „man" in der heutigen Gesellschaft tut.

Um einen noch grösseren Skandal handelt es sich, wenn gegen die Christenverfolgungen in der heutigen Zeit nicht einmal Christen ihre Stimme erheben, sondern offensichtlich die starke

Tendenz in sich verspüren, angesichts der eigenen Schuldgeschichte des Christentums und von christlich geprägten Staaten und angesichts von Intoleranz und Unterdrückung, derer sich Christen im Laufe der Geschichte schuldig gemacht haben, lieber zu schweigen. Natürlich haben wir Christen allen Grund, an die eigene Brust zu klopfen und das mea et nostra culpa öffentlich auszusprechen, auch und gerade im Blick auf die grausamen Konfessionskriege im 16. und 17. Jahrhundert, vor allem den Dreißigjährigen Krieg, der Europa in ein Meer von Blut verwandelt hat. Solche Erinnerungen dürfen uns jedoch nicht daran hindern, auch gegen das Unrecht, das heute unsern christlichen Schwestern und Brüdern in vielen Regionen der Welt angetan wird, unsere Stimme zu erheben.

Die erschütternde Bilanz der Christenverfolgungen in der heutigen Welt stellt eine grosse Herausforderung zu leidempfindlicher Solidarität mit den verfolgten Christen und Christinnen und zu öffentlicher Denunzierung von Märtyrersituationen dar. Aber findet diese Solidarität wirklich statt? Oder werden die Schmerzensschreie der heutigen Christen genauso überhört wie in seiner Zeit die Schreie des Propheten Jesaja, der seinen Schmerz mit den bitteren Worten zum Ausdruck gebracht hat: „Der Gerechte kommt um, doch niemand nimmt es sich zu Herzen. Die Frommen werden dahingerafft, aber es kümmert sich niemand darum" (Jes 57,1).

Diese kritische Frage richtet sich nicht nur an die einzelnen Christen, sondern auch an die europäischen Politiker. Es ist gewiss ein schönes Zeichen gewesen, als nach den schrecklichen Attentaten in Paris auf Charlie Hebdo und einen Supermarkt mit koscheren Waren im Januar 2015 Regierungspräsidenten aus ganz Europa in die französische Metropole gereist sind, um mit Frankreich ihre Solidarität zu bekunden. Auf der anderen Seite aber musste ich mir damals sagen, dass das, was in Paris geschehen ist, im Nahen Osten jeden Tag geschieht, und ich habe mich gefragt, wo jetzt die europäischen Politiker sind. Natürlich stehen wir nach den Wahnsinnstaten im November 2015 in Paris wieder an der Seite Frankreichs. Aber der Nahe Osten mit seiner brutalen Verfolgung durch den Islamischen Staat ist nun in grausamer Weise in Europa ange- kommen; und es ist zu hoffen, dass das grauenhafte Geschehen dort auch im Westen näher in den Blick rückt. Denn im Allgemeinen muss man leider den Eindruck haben, dass der Nahe Osten auf der internationalen Ebene weithin ignoriert wird und dass sich auch der Westen gegenüber dem Leiden der Christen

weithin gleichgültig verhält. Aus dieser Fest–
stellung ergeben sich bedrängende Fragen: Wie
lange will die europäische Politik noch zusehen,
wie in Syrien und Irak uralte Kulturgüter dem
Erdboden gleichgemacht werden, wie Menschen -
Christen und andere religiöse Minderheiten wie
die Jesiden - wie Schlachtvieh hingerichtet
werden, und wie viele Menschen in die Flucht
getrieben werden? Das Flüchtlingsproblem, das
heute so gross ist, wie es seit dem Zweiten
Weltkrieg nicht mehr gewesen ist, kann nur
bewältigt werden, wenn die Situation in jenen
Ländern geändert wird, aus denen die Flüchtlinge
kommen.

2. CHRISTLICHES MARTYRIUM ALS ESSENZ DES CHRISTENTUMS

Diese erbärmliche Situation bewusst zu machen,
ist eine besondere Verantwortung der christlichen
Kirchen. Dazu gehört auch, dass sie in
Erinnerung rufen, dass es kein martyriumsfreies
Christentum gibt. Man muss realistischerweise
vielmehr davon ausgehen, dass die Nachfolge Jesu
immer auch das Martyrium einschliessen kann.
Die christlichen Kirchen können das Martyrium
von Christen auch heute im Licht des Glaubens
nur verstehen, wenn sie darum wissen, dass es

wesenhaft zum Christentum gehört, „sozusagen ein Wesensmerkmal des Christentums" ist. Diese realistische Annahme hat sich im Laufe der Kirchengeschichte tausendfach bewahrheitet und bestätigt sich auch in der heutigen Welt und bedarf gerade heute einer theologischen Vertiefung.

Ein besonders eindrückliches Beispiel, an dem dies abgelesen werden kann, ist das Martyrium des Heiligen Polykarp von Smyrna. Er gehört in die Zeit der Apostelschüler und wirkte in Kleinasien, wo die ersten christlichen Gemeinden noch in der Zeit der Apostel gegründet worden sind. In diesem Gebiet wurden die Christen bereits früh verfolgt, wie die Worte zeigen, die der Seher Johannes an die Gemeinde von Smyrna schreibt: „Fürchte dich nicht vor dem, was du noch erleiden musst! Der Teufel wird einige von euch ins Gefängnis werfen, um euch auf die Probe zu stellen, und ihr werdet in Bedrängnis sein, zehn Tage lang. Sei treu bis in den Tod; dann werde ich dir den Kranz des Lebens geben" (Apk 2, 10). Allen in der Gemeinde von Smyrna voran hat ihr Bischof Polykarp Anteil an Jesu Kelch des Leidens und des Todes erhalten. Über seinen Märtyrertod berichten die ältesten christ–lichen Märtyrerakten. Das Auffälligste und das zweifellos Tiefsinnigste dabei ist, dass der Bericht über sein Martyrium als Liturgie geschildert und wie ein eucharistisches Hochgebet gestaltet ist.

Zunächst wird berichtet, wie Bischof Polykarp gefesselt wird und wie ihm die Hände auf den Rücken gebunden werden. Damit erscheint er, wie es in den Märtyrerakten heisst, „wie ein edler Widder, der aus der grossen Herde zu Gott geführt wird, eine Gott wohlgefällige, für ihn bereitete Opfergabe". Nach dieser Vorbereitung des Martyriums, die wie eine Gabenbereitung beschrieben wird, spricht Polykarp, auf den Holzstoss gelegt und dort angebunden, eine Art eucharistisches Hochgebet. Er dankt für die Erkenntnis Gottes, die ihm durch seinen geliebten Sohn Jesus Christus zuteil geworden ist. Er preist Gott, weil er gewürdigt worden ist, Anteil am Kelch Jesu Christi auf die Auferstehung hin zu erlangen. Schliesslich bittet er mit Worten aus dem alttestamentlichen Buch Daniel, die offensichtlich schon früh in die christliche Liturgie aufgenommen worden sind: „heute vor dir als wohlgefälliges und fettes Opfer angenommen zu sein". Dieses Hochgebet endet – wie dies auch in den eucharistischen Hochgebeten geschieht - mit einer grossen Doxologie. Nachdem Polykarp das „Amen" gesprochen hat, entzünden die Knechte den Holzstoß. Anschliessend wird eigens erwähnt, dass sein verbrannter Leib nicht wie verbranntes

Fleisch erscheint, sondern wie gebackenes Brot, und dass die Anwesenden einen süssen Duft spüren „wie von Weihrauch oder von kostbaren Aromen". Wenn man bedenkt, dass beide Bilder - Brotwerdung und Wohlgeruch - zusammen-gehören und der alt- und neutestamentlichen Opfertheologie entstammen, wird nochmals der liturgisch-eucharistische Charakter des Gesche-hens verdeutlicht.

Der Bericht über das Martyrium des Polykarp als eucharistische Liturgie sei deshalb so eingehend erwähnt, weil er in die Mitte des christlichen Martyriums hineinführt. Er zeigt, dass Bischof Polykarp durch sein Martyrium wie Christus geworden ist und dass sein Leben Hin-Gabe und eucharistische Gabe geworden ist: Wie von Christus gerade nicht das Gift der Zersetzung des Lebendigen durch die Macht des Todes gekommen ist, sondern von ihm die Kraft des Lebens ausgegangen ist und er wie gutes Brot uns Leben gegeben hat, so besiegt auch die persönliche Hineingabe des Glaubenszeugen Polykarp in den Leib Christi durch das Marty-rium die Macht des Todes. Denn indem der Märtyrer lebt und gerade durch sein Sterben Leben schenkt, ist er selbst in das eucharistische Geheimnis eingegangen. Hier liegt der tiefste Grund, dass die Märtyrerakten das Martyrium des Heiligen Polykarp als „Eucharistiewerdung des Märtyrers" beschreiben, „der in die volle Gemeinschaft mit dem Passah Jesu Christi eintritt und so mit ihm Eucharistie wird".

Solche existenzielle Eucharistiewerdung von glaubwürdigen Christen ist in der Geschichte der Kirche vielfach bezeugt. Das zweifellos populärste Beispiel ist die Geschichte vom Heiligen Laurentius auf dem Rost, in der man bereits früh das Urbild der christlichen Existenz erblickt hat, und zwar dahingehend, dass die Bedrängnisse des Lebens zu jenem reinigenden Feuer werden können, das uns selbst allmählich so umformt, dass unser ganzes Leben Gabe für Gott und für die Menschen wird. In der jüngeren Vergan-genheit sticht das Martyrium des Heiligen Maximilian Kolbe in die Augen, der unter Lobgesängen stirbt, der für einen anderen Menschen das Leben gibt und bei dem sich die radikale Hingabe gerade dadurch vollendet, dass sein ganzes Leben aufgelöst wird. Diese Beispiele zeigen, dass christliches Martyrium nicht nur Leben aus dem Mysterium der Eucharistie bedeutet, sondern auch und vor allem existen-zielles Hineingenommenwerden in dieses Myste-rium selbst.

3. Teilhabe am Passahgeheimnis in der Nachfolge Jesu

Aus dem Tod in Hingabe entsteht neues Leben. Das ist die Botschaft der Märtyrer, die ganz in das eucharistische Geheimnis hineingenommen worden sind. Auch wenn in unseren Breitengraden uns Christen ein Martyrium, jedenfalls ein physisches, erspart bleibt, gilt der Lebenszusammenhang von christlicher Existenz und persönlichem Hineingenommenwerden in das Geheimnis der Eucharistie auch uns Christenn heute. Existenzielle Eucharistiewerdung muss sich auch in unserem Leben vollziehen. Denn wer in die Nachfolge Jesu treten will, erhält von selbst Anteil am Passahgeheimnis der verblutenden Liebe Jesu am Kreuz.

Dies zeigt mit besonderer Deutlichkeit Jesu Antwort auf das Ansinnen der Mutter der Zebedäussöhne, Jesus solle ihnen das Sitzen zu seiner Rechten und Linken in seiner Herrlichkeit garantieren. Jesus aber erklärt ihnen unmissverständlich, dass dieses Sitzen in der Herrlichkeit des Himmels allein an die Erfüllung des Willens Gottes gebunden ist, und nennt als elementarste Zulassungsbedingungen für seine Nachfolge Kelch und Taufe: „Könnt ihr den Kelch trinken, den ich trinke, oder die Taufe auf euch nehmen, mit der ich getauft werde?" (Mk 10, 38). Die entscheidenden Stichworte in der Antwort Jesu – Kelch, Taufe und damit Liebe – bringen es an den Tag, dass Nachfolge Jesu nicht auf das Moralische eingeengt werden darf, sondern eine elementar christologische Kategorie ist und erst von daher zu einem moralischen Auftrag wird. Kreuzesnachfolge ist kein Moralismus, der das Leben mit einer negativen Brille betrachtet, aber auch kein Masochismus für Menschen, die sich ohnehin nicht mögen, sondern wirklich Frohe Botschaft, die Leben durch den Tod hindurch verheisst. Nachfolge Jesu ist deshalb stets an das Passahgeheimnis gebunden und gewiss kein Sonntagsspaziergang. Denn sie schliesst die Bereitschaft ein, „ein Simon von Cyrene zu sein auf dem Kreuzweg Jesu in allen Jahrhunderten der Geschichte".

Das gemeinsame Tragen des Kreuzes hält im Glaubensbewusstsein wach, dass nicht ein kreuzloses, sondern ein kreuzvolles Christentum der Normalfall ist, wie die Kirche seit ihrem Beginn immer wieder neu erfahren musste. Ein beredtes Zeugnis davon legt bereits der Erste Brief des Johannes ab, der seinen Adressaten in Erinnerung ruft: „Dieser ist es, der durch Wasser und Blut gekommen ist: Jesus Christus. Er ist nicht nur im Wasser gekommen, sondern im

Wasser und im Blut. Und der Geist ist es, der Zeugnis ablegt; denn der Geist ist die Wahrheit. Drei sind es, die Zeugnis ablegen: der Geist, das Wasser und das Blut; und diese drei sind eins" (1Joh 5, 6-8).

Beim ersten Hinhören klingt dieses Wort sehr rätselhaft. Verstehen lässt es sich nur auf dem Hintergrund des Passionsberichtes beim Evange—listen Johannes, in dem es heisst, aus der Seitenwunde Jesu am Kreuz seien Blut und Wasser geflossen (Joh 19, 34). Blut und Wasser sind für Johannes Bilder für die beiden Grundsakramente der Kirche, nämlich Taufe und Eucharistie. Johannes bringt damit zum Aus—druck, dass die Sakramente von Taufe und Eucharistie und damit die Kirche selbst vom Kreuz Jesu herkommen. Auf diesem Hinter—grund wird nun verständlich, dass sich Johannes in einer sehr polemischen Weise gegen ein Christentum zur Wehr setzt, das nur noch die Taufe Jesu als Heilsereignis anerkennen will, seinen Tod am Kreuz und seine Vergegenwär—tigung in der Eucharistie jedoch aus dem Glaubensbewusstsein ausblendet. Johannes hat es folglich mit einem Christentum zu tun, das nur das Wasser der Taufe, nicht aber das Blut der Eucharistie und damit des Kreuzes Jesu will. Vom Christentum bleibt nur noch das Wasser übrig;

und so wird es ein wässriges oder gar verwasche-
nes Christentum: „Christentum wird blosse
Lehre, blosser Moralismus und Sache des
Intellekts, aber Fleisch und Blut fehlen ihm."

Wer könnte und wollte ehrlichen Herzens
bestreiten, dass auch das Christentum heute
immer wieder von dieser Versuchung bedroht ist,
dass gleichsam das Wunder von Kana auf den
Kopf gestellt wird? Während Jesus bei der
Hochzeit zu Kana Wasser in Wein verwandelt
hat, gibt es doch auch heute in der Christenheit
Tendenzen, den in der Passion Jesu gekelterten
Wein wieder in Wasser zu verwandeln. Demge-
genüber beharrt Johannes mit einer eindringlichen Eindeutigkeit darauf, dass Wasser und Blut,
Taufe und Eucharistie, Nachfolge und Kreuz
unlösbar zusammengehören. Denn Kirche ist
immer Kirche aus Wasser und Blut und deshalb
Kirche im Martyrium.

4. GEMEINSCHAFT MIT DEM TOD CHRISTI IN DER TAUFE

Dass zum christlichen Leben auch das Martyrium
gehört, zeigt unmissverständlich die sehr ernste
Verheissung Jesu an seine Jünger: „Weil ihr nicht
von der Welt stammt, sondern weil ich euch aus
der Welt erwählt habe, darum hasst euch die

Welt. Denkt an das Wort, das ich euch gesagt habe: Der Sklave ist nicht grösser als sein Herr. Wenn sie mich verfolgt haben, werden sie auch euch verfolgen" (Joh 15, 19-20). Indem die Kirche zwischen dem roten, mit dem eigenen Blut bezahlten, und dem weissen Martyrium, das im konsequenten Glaubenszeugnis im alltäglichen Leben besteht, unterscheidet, bringt sie zum Ausdruck, dass zur letzteren Form des Marty–riums jeder Christ berufen ist. Denn sie ist in der Taufe grundgelegt, durch die wir Christus zugehörig sind. Wer aber zu Christus gehört, hat aufgrund der Taufe auch Anteil an seinem Kreuz, an seinem Leiden und Sterben. Durch den Vollzug der Taufe ist unser Leben ein für allemal Dem anvertraut, auf dessen Namen wir getauft sind. Die Übereignung unseres Lebens an Jesus Christus bedeutet für Paulus, dass wir alle in den Tod Jesu Christi hineingetauft sind. So kann Paulus sogar sagen, dass wir, wohin wir auch kommen, immer „das Todesleiden Jesu an unserem Leib" tragen, „damit auch das Leben Jesu an unserem Leib sichtbar wird" (2Kor 4,10).

Ja, „damit auch das Leben Jesu an unserem Leib sichtbar wird". Auf dieses „damit" kommt es entscheidend an. In der Taufe sind wir berufen, mit Jesu Weg in seinen Tod Gemeinschaft zu haben, damit wir auch seines neuen Lebens teilhaftig werden. Wir werden in den Tod Christi hineingetauft, weil diese Taufgemeinschaft mit Jesus Christus in seinem Tod das Unterpfand dafür ist, dass auch unser eigenes Leben dereinst nicht im Tode, auch nicht im Tode des Martyriums, enden muss, sondern auch über den Tod hinaus verbunden bleiben wird mit dem neuen und ewigen Leben Jesu Christi, wie es in seiner Auferstehung zu Tage getreten ist.

In dieser Glaubensüberzeugung wurde in der frühen Christenheit die Taufe durch Unter–tauchen im Wasser vollzogen, und Paulus hat mit eindringlichen Worten dieses rituelle Geschehen als Todesgeschehen interpretiert. Er deutet das liturgische Untertauchen des Täuflings in das Wasser der Taufe als Untertauchen in die abgründigen Wasser des Todes, und zwar in solidarischer Gemeinschaft mit Christus: „Wir wurden mit ihm begraben durch die Taufe" (Röm 6,4a). Und die Erfrischung durch das Bad der Taufe deutet Paulus als Auferweckung zu einem neuen und unvergänglichen Leben, und zwar wiederum in solidarischer Gemeinschaft mit Christus: „Wie Christus durch die Herrlichkeit des Vaters von den Toten auferweckt wurde, so sollen auch wir als neue Menschen leben" (Röm 6, 4b). Wie Jesus Christus in das Bad des Todes untergetaucht, daraus aber am Ostermorgen als der vollendet neue Mensch hervorgegangen ist, so taucht im Bad der Taufe der Mensch in das Grab Christi hinab, um zusammen mit Christus aus diesem Grab als neuer Mensch aufzuerstehen. Indem die Taufe Anteil am österlichen Heils–geschehen von Tod und Auferstehung Jesu Christi schenkt, bildet sie den endgültigen Übergang vom Tod in das neue Leben Gottes.

Im Licht dieses Glaubensgeheimnisses haben wir auch das Wort Jesu von der Kreuzesnachfolge zu verstehen, die jedem Christen zugemutet ist und den innersten Kern des christlichen Martyriums darstellt. Wenn wir auf dieses Wort hinhören, fällt an ihm plötzlich etwas auf, über das man sehr oft und gerne hinwegliest. Es ist nämlich nicht davon die Rede, dass wir Christen heute das Kreuz Jesu nachtragen sollen. Jesus sagt gerade nicht: „Wer nicht *mein* Kreuz trägt und mir nachfolgt, der kann nicht mein Jünger sein", wohl aber: „Wer nicht *sein* Kreuz trägt und mir nachfolgt" (Lk 14, 27). Der heutige Weg als Christen und Chris–tinnen kann also gar nicht mit dem Leidens- und Kreuzweg Jesu identisch sein. Wir haben nicht Gott mit der Welt zu versöhnen; denn dies ist Jesu Werk. Der besondere Weg Jesu ans Kreuz ist deshalb gerade nicht unser Weg; denn diesen seinen Weg ist er für uns gegangen. Vielmehr verweist uns Jesu Wort von der Kreuzesnachfolge in unser eigenes Leben hier und heute.

5. Jesus Christus als Erzmärtyrer

Am Weg Jesu müssen wir uns orientieren, wenn wir von unserem Kreuz des Martyriums, das wir in seiner Nachfolge zu tragen haben, redlich und vor allem christlich reden wollen. Dann zeigt sich: Nicht Selbstbewahrung, sondern Selbstpreisgabe ist das Gesetz von Jesu Leben. Doch gerade deshalb hat Jesus Leiden und Kreuz weder gesucht noch ersehnt. Er hat vielmehr gegen alle Formen des Leidens, die ihm begegneten, engagiert gekämpft: gegen das Leiden, das den Menschen spürbar belastet in leiblicher Krankheit, seelischer Angst und sozialer Ächtung. Genau dieser Kampf gegen das Leiden im Namen Gottes aber hat ihn ans Kreuz geführt und hat ihn das Leben gekostet. Jesu Tod am Kreuz ist folglich das ernste Fazit seines Lebens, das Ergebnis seiner konsequent durchgehaltenen Orientierung am Willen Gottes für das Leben der Menschen. An seiner Liebe zu uns Menschen ist er gestorben. Denn Liebe als Einsatz für den anderen Menschen ist wesentlich Einsatz der eigenen Person, ja Hingabe, die bis zur Selbstaufgabe gehen kann.

Wenn wir uns als Christen am Leben und Sterben Jesu orientieren, dann wird als erstes deutlich: Wie Jesus selbst brauchen auch wir unser Kreuz keineswegs zu suchen, gleichsam als gäbe es in unserer Welt nicht schon genug Kreuze. Wir würden damit ohnehin nur verraten, dass wir desjenigen Kreuzes noch nicht ansichtig geworden sind, das zu tragen uns die Nachfolge Jesu heute von selbst aufgibt. Dieses Kreuz aber liegt in den Konsequenzen unseres Christseins, indem wir uns im Sinne des Evangeliums Jesu für die Lebendigkeit und Menschlichkeit des Menschen einsetzen und dann allerdings das Kreuz riskieren. Von daher wird das Wort Jesu von der Kreuzesnachfolge für uns heute bedeuten: Nur derjenige kann ein Jünger Jesu sein, der die ganz persönliche Sendung seines christlichen Lebens mit allen ihren Konsequenzen und Risiken auf sich zu nehmen bereit ist. Was von einzelnen Christen zu sagen ist, gilt auch für die Kirche als ganze, wie Papst Franziskus im Blick auf das Pfingstereignis betont hat: „Die Kirche von Pfingsten ist eine Kirche, die sich nicht damit abfindet, harmlos zu sein und ein dekoratives Element. Sie ist eine Kirche, die nicht zögert hinauszugehen, um den Menschen zu begegnen, um die Botschaft zu verkünden, die ihr anvertraut worden ist, auch wenn diese Botschaft stört und die Gewissen beunruhigt, auch wenn diese Botschaft vielleicht zu Schwierigkeiten führt und manchmal zum Martyrium."

Von dieser Kreuzesnachfolge kann sich kein Christ ausnehmen, wenn er wirklich Jesus nachfolgen will, der sein Leben für uns Menschen am Kreuz hingegeben hat. Er ist gleichsam der Erzmärtyrer, genauerhin der Gute Hirte, der selbst dann nicht von seiner liebenswürdigen Suche nach dem Verlorenen ablässt, wenn die bösen Mächte in den Menschen entbrennen und den Guten Hirten selbst tödlich treffen. Das Kreuz Jesu offenbart das konsequente Handeln eines grenzenlos liebenden Guten Hirten, der den Menschen bis in die tiefsten Abgründe und verborgensten Katakomben eines durch-kreuz-ten Lebens hinein nahe sein will. Das Kreuz ist „Liebe in ihrer radikalsten Form", wie Papst Benedikt XVI. in seiner ersten Enzyklika über die christliche Liebe schreibt: „In seinem Tod am Kreuz vollzieht sich jene Wende Gottes gegen sich selbst, indem er sich schenkt, um den Menschen wieder aufzuheben und zu retten."

Da am Kreuz die ganze Liebe Jesu Christi sichtbar geworden ist, versteht es sich von selbst, dass er uns nicht irgendetwas, sondern sich selbst geschenkt hat. Im Unterschied zum religionsgeschichtlichen Verständnis des Opfers, bei dem die Trennung von Opferpriester und Opfergabe wegleitend ist, sind im Kreuzestod Jesu Opfer– priester und Opfergabe völlig identisch. Denn beim Kreuzesopfer Jesu handelt es sich nicht um eine Sach-Gabe, sondern um eine Selbst-Gabe. Die Kirchenväter haben deshalb im Opfertod Jesu am Kreuz die Erfüllung der Opferung Isaaks durch Abraham erblickt. Wiewohl Abraham bereit ist, den eigenen Sohn Isaak hinzugeben und damit Gott die grösste Liebe zu opfern, verschont Gott Isaak und begnügt sich mit dem Widder, der sich im Gestrüpp verfangen hat und den Abraham Gott darbringt. Während also der alttestamentliche Isaak nicht sterben muss, gibt der neue Isaak, nämlich Jesus, sein Leben selbst dahin, wie Origenes sensibel bemerkt hat: „In wunderbarer Weise wetteifert Gott in der Freigebigkeit mit den Menschen: Abraham hat Gott einen sterblichen Sohn geopfert, ohne dass dieser sterben musste; Gott hat den unsterblichen Sohn dem Tod überliefert für die Menschen." Das wahre und neue Opfer Jesu besteht deshalb nicht mehr in der Übergabe von Tieren und Sachen an Gott, sondern in der Selbstgabe des Sohnes an seinen Vater für die Menschen. Jesus konnte es deshalb nicht genügen, Gott irgend– welche materiellen Opfer darzubringen, Tier–

opfer und Sachopfer, wie dies im Jerusalemer Tempel der Fall gewesen ist. Indem Jesus nicht irgendetwas dargebracht hat, sondern sich selbst, ist er zum neuen Tempel geworden und hat einen neuen Gottesdienst in die Welt gebracht, den Jesus am Kreuz in der Hingabe seines Lebens vollzogen hat. Diese neue Liturgie ist das Opfer, das Jesus dargebracht hat, um uns seine Liebe nicht nur mit verbalen Liebeserklärungen zu zeigen, sondern um in der Hingabe seines eigenen Lebens seine Liebe, die ohne Grenzen ist, erfahren zu lassen. Da gibt es keinen Ersatz durch Tieropfer mehr, sondern nur noch Einsatz des eigenen Lebens.

6. Martyrium als Tiefendimension der Ökumene

In der Lebenshingabe Jesu am Kreuz für uns Menschen scheinen alle wesentlichen Elemente des christlichen Martyriums auf. Da im Mittel‑punkt des christlichen Glaubens das Martyrium Jesu Christi steht, gehören Christenverfolgung und Martyrium wesentlich zum Christentum, und es kann keine christliche Kirche geben, die nicht Märtyrerkirche wäre. Darin besteht die Grunderfahrung der Christenheit auch heute, in der alle christlichen Kirchen und kirchlichen

Gemeinschaften ihre Märtyrer haben. Denn Christen werden heute nicht verfolgt, weil sie katholisch oder orthodox, protestantisch oder pentekostalisch sind, sondern weil sie Christen sind. Das Martyrium ist heute ökumenisch, und man muss von einer eigentlichen Ökumene der Märtyrer oder einer Ökumene des Blutes sprechen. Sie wird uns, worauf Papst Franziskus mit Recht hinweist, von den Christenverfolgern selbst nahe gelegt: „Für die Verfolger sind wir nicht geteilt, sind wir nicht Lutheraner, Ortho-doxe, Protestanten, Katholiken... Nein! Wir sind eins! Für die Verfolger sind wir Christen! Etwas anderes interessiert nicht. Das ist die Ökumene des Blutes, die heute gelebt wird."

Diese ökumenische Dimension des Martyriums hat der heilige Papst Johannes Paul II. in besonderer Weise zum Ausdruck gebracht, als er am 7. Mai im Jubiläumsjahr 2000 zu einer ökumenisch gemeinsamen Feier an den historisch symbolträchtigen Ort vor dem Kolosseum in Rom eingeladen hat, um in Anwesenheit von hohen Vertretern verschiedener Kirchen und kirchlicher Gemeinschaften der Märtyrer des 20. Jahrhunderts zu gedenken und auf ihre Glau-benszeugnisse zu hören wie diejenigen des orthodoxen Metropoliten Serafim, des evange-lischen Pastors Paul Schneider und des katholischen Paters Maximilian Kolbe. Diese Feier hat die tiefe Gemeinschaft im Glauben erfahrbar werden lassen, die die Christen in den verschiedenen Kirchen und Gemeinschaften trotz aller noch bestehenden Unterschiede und Hindernisse miteinander verbindet. Denn in der gemeinsamen Verfolgung, beispielsweise in den nationalsozialistischen Konzentrationslagern und in den kommunistischen Gulags, sind Christen in verschiedenen Kirchen und Gemeinschaften zusammengewachsen, haben ihre Gemeinsamkeit im Glauben entdeckt und miteinander Freund– schaft geschlossen.

Zum Gedenken an die Märtyrer des 20. Jahr– hunderts hat die Gemeinschaft Sant' Egidio in der Basilika San Bartolomeo auf der Tiberinsel in Rom einen Ort der Erinnerung und der Besin– nung errichtet. Als Papst Benedikt XVI. im Jahre 2008 diesen Ort besucht hat, hat er betont, dass dem äusseren Anschein nach sich „die Gewalt– tätigkeit, die Totalitarismen, die Verfolgungen, die blinde Gewalt" als stärker erweisen und die Stimme der Glaubenszeugen zum Schweigen bringen, „die menschlich gesehen als Verlierer der Geschichte erscheinen können". Der auferstan– dene Jesus aber erleuchtet deren Zeugnis, weshalb „in der Niederlage, in der Demütigung derer, die für das Evangelium leiden", eine Kraft am Werk ist, „die die Welt nicht kennt: Denn wenn ich schwach bin, dann bin ich stark" (2Kor 12, 10). Es ist die Kraft der Liebe, wehrlos und siegreich auch in der scheinbaren Niederlage. Es ist die Kraft, die den Tod herausfordert und besiegt.

Dies ist das tiefe Geheimnis des christlichen Martyriums. In ihm ist es auch begründet, dass die Gemeinschaft der Märtyrer die viel deutlichere Sprache als die noch vorhandenen Spaltungen spricht. Von daher legt es sich erst recht nahe, von einer eigentlichen Ökumene der Märtyrer zu sprechen. Ihr hat der heilige Papst Johannes Paul II. in seiner wegweisenden Enzyklika über den Einsatz für die Ökumene „Ut unum sint" ein ganzes Kapitel gewidmet und in sensibler Weise gezeigt, dass die Ökumene der Märtyrer eine schöne Botschaft in sich enthält. Trotz des schmerzhaften Dramas der Glaubensspaltungen haben die standfesten Glaubenszeugen in allen christlichen Kirchen und kirchlichen Gemeinschaften gezeigt, wie Gott selbst bei den Glaubenden unter dem höchsten Anspruch des mit dem Opfer des Lebens bezeugten Glaubens die Gemeinschaft auf einer tieferen Ebene aufrecht erhält. Während wir Christen und Kirchen auf dieser Erde noch in einer unvollkommenen Gemeinschaft zu- und miteinander stehen, leben die Märtyrer in der himmlischen

Herrlichkeit bereits jetzt in voller und vollendeter Gemeinschaft. Die Märtyrer sind, wie Papst Johannes Paul II. in eindrücklicher Weise hervorgehoben hat, „der bedeutendste Beweis dafür, dass in der Ganzhingabe seiner selbst an die Sache des Evangeliums jedes Element der Spaltung bewältigt und überwunden werden kann".

In der Ökumene der Märtyrer oder, wie Papst Franziskus zu sagen pflegt, bei der Ökumene des Blutes liegt - trotz aller Tragik - eine weitere grosse Verheissung beschlossen: Wie die Alte Kirche überzeugt gewesen ist, dass das Blut der Märtyrer Same von neuen Christen ist, so dürfen wir auch heute hoffen, dass sich das Blut von so vielen Märtyrern unserer Zeit einmal als Same der vollen ökumenischen Einheit des Leibes Christi erweisen wird. Wir dürfen sogar überzeugt sein, dass wir im Blut der Märtyrer bereits eins geworden sind. In dieser ökumenischen Hoffnung sind wir als Christen und als Kirchen verpflichtet zu wirksamer Hilfe für die verfolgten Christen, zu öffentlicher Denunzierung von Märtyrersitua-tionen, zum Engagement für die Achtung der Menschenwürde und der in ihr begründeten Religionsfreiheit und vor allem zum Mittragen der leidenden Brüder und Schwestern in unserem Gebet.

Darin besteht eine kairologisch für heute vordringliche Verantwortung der Christen, die es in ökumenischer Gemeinschaft wahrzunehmen gilt, wie dies Papst Franziskus uns mit dem einprägsamen Satz nahegelegt hat: „Wenn uns der Feind im Tod vereint, wie kommen wir dann dazu, uns im Leben zu trennen?" Ist es nicht beschämend, dass die Christenverfolger oft genug die bessere ökumenische Vision haben als wir Christen selbst, weil sie offensichtlich darum wissen, dass wir als Christen untrennbar zusammen gehören? In der Ökumene der Märtyrer müssen wir deshalb den innersten und tiefsten Kern allen ökumenischen Bemühens um die Einheit der Kirche wahrnehmen. Weil das Leiden so vieler Christen in der heutigen Welt eine gemeinsame Erfahrung bildet, die sich als stärker erweist als die Differenzen, die die christlichen Kirchen noch trennen, ist das gemeinsame Martyrium der Christen heute das „überzeugendste Zeichen" der Ökumene, wie Papst Franziskus in seiner Botschaft an die Teilnehmer an der vom Global Christian Forum im November 2015 in Tirana veranstalteten Konferenz über die Diskriminierung, Verfolgung und das Martyrium der Christen betont hat.

Die Ökumene der Märtyrer ruft uns auch in die Erinnerung, dass der Ökumenismus zutiefst eine

geistliche Aufgabe und der geistliche Ökumenis-
mus, wie das Zweite Vatikanische Konzil mit
Recht betont hat, die „Seele der ganzen
Ökumenischen Bewegung" ist. Die Ökumenische
Bewegung ist von allem Anfang an eine
Gebetsbewegung gewesen und bleibt nur als
solche lebendig. Mit einem sehr tiefen Bild hat
Abbé Paul Couturier, ein leidenschaftlicher
Pionier einer geistlichen Ökumene, die Ökumenische Bewegung mit einem unsichtbaren Kloster
verglichen, in dem die Christen verschiedener
Kirchen in vielen Ländern und Kontinenten
gemeinsam beten. Auch heute ist und bleibt das
Gebet um die Einheit der Christen das pulsie-
rende Herz des ganzen ökumenischen Weges. Mit
dem Gebet bringen wir unsere Glaubensüberzeugung zum Ausdruck, dass wir Menschen
die Einheit der Kirche nicht einfach machen und
auch nicht über ihre Gestalt und ihren Zeitpunkt
entscheiden, sondern sie uns nur schenken lassen
können. Und mit dem Gebet um die Einheit der
Christen entspricht die Ökumene am Tiefsten
dem Willen des allen Christen gemeinsamen
Herrn, der in seinem hohepriesterlichen Gebet
um die Einheit seiner Jünger gebetet hat. Es muss
bleibend zu denken geben, dass Jesus die Einheit
den Jüngern nicht befohlen und sie auch nicht
von ihnen eingefordert, sondern für sie gebetet

hat. Am Gebet Jesu, „dass alle eins seien", kann man deshalb am besten ablesen, worin die ökumenische Verantwortung im Licht des Glaubens besteht und bestehen muss. Wenn die Einheit der Jünger das entscheidende Gebetsanliegen Jesu gewesen ist, kann christliche Ökumene nur das Einstimmen der Christen in das Gebet Jesu sein, indem sie sich sein Herzensanliegen zu eigen machen. Wenn Ökumene nicht einfach philantropisch und rein zwischenmenschlich, sondern wirklich christologisch motiviert und fundiert ist, kann sie letztlich nichts Anderes sein als „Teilhabe am Hohepriesterlichen Gebet Jesu".

7. ÖKUMENISCHES ZEUGNIS IN DER HEUTIGEN WELT

Im hohepriesterlichen Gebet bittet Jesus um die Einheit der Jünger mit einer spezifischen Intention: „damit die Welt erkennt, dass du mich gesandt hast und die Meinen ebenso geliebt hast wie mich" (Joh 17, 23). Mit diesem Finalsatz kommt zum Ausdruck, dass die Einheit unter den Jüngern Jesu kein Selbstzweck in sich ist, sondern der Glaubwürdigkeit der Sendung Jesu Christi und seiner Kirche in der Welt dient.

Die Ökumene der Märtyrer ruft uns diesen Ernstfall in Erinnerung, der vor mehr als hundert Jahren bei der ersten Weltmissionskonferenz im schottischen Edinburgh wahrgenommen worden ist und an den zu erinnern in der heutigen ökumenischen Situation angezeigt ist. Den Teilnehmenden hat damals das Ärgernis vor Augen gestanden, dass sich die verschiedenen christlichen Kirchen und Gemeinschaften in der Missionsarbeit konkurrenziert und damit der glaubwürdigen Verkündigung des Evangeliums Jesu vor allem in fernen Kulturen geschadet haben. Die Spaltung der Christenheit hat sich als das stärkste Hindernis für die Weltmission herausgestellt; und dies trifft auch heute zu, wie Papst Franziskus in seinem Apostolischen Schreiben „Evangelii gaudium" mit deutlichen Worten in Erinnerung gerufen hat: „Angesichts der Gewichtigkeit, die das Negativ-Zeugnis der Spaltung unter den Christen besonders in Asien und Afrika hat, wird die Suche nach Wegen zur Einheit dringend. Die Missionare in jenen Kontinenten sprechen immer wieder von Kritiken, Klagen und dem Spott, der ihnen aufgrund des Skandals der Spaltungen unter den Christen begegnet." Von daher ist in den Augen von Papst Franziskus der „Einsatz für eine Einheit, die die Annahme Jesu Christi erleichtert, nicht länger bloße Diplomatie oder eine erzwungene Pflichterfüllung und verwandelt sich in einen unumgänglichen Weg der Evangelisierung".

Dieser ökumenische Ernstfall impliziert, dass eine redliche Verkündigung des Evangeliums in der heutigen Welt nur möglich ist, wenn die christlichen Kirchen ihre Spaltungen überwinden können und wenn sich Mission und ökumenische Suche nach der Einheit gegenseitig fordern und fördern. Denn das christliche Zeugnis muss in der heutigen Welt einen ökumenischen Notenschlüssel haben, damit seine Melodie nicht kakophonisch, sondern symphonisch erklingt. Dieses Zeugnis muss heute vor allem darin bestehen, die Menschen zumal in den heutigen säkularisierten Gesellschaften zum Gottesgeheimnis hinzuführen und sie in eine persönliche Gottesbeziehung einzuführen, und zwar in der Glaubensüberzeugung, dass derjenige dem anderen Menschen nicht genug gibt, der ihm Gott nicht gibt. Im Mittelpunkt allen ökumenischen Bemühens um ein glaubwürdiges Zeugnis muss die Gottesfrage stehen, wie dies Papst Benedikt XVI. im Ökumenischen Gottesdienst bei der Begegnung mit Vertretern des Rates der Evangelischen Kirche in Deutschland in Erfurt im Herbst 2011 unter Erwähnung der besonderen Bedeutung der leidenschaftlichen Gottsuche im Leben und Wirken des Reformators Martin Luther hervorgehoben hat: „Der Mensch ist auf Gott hin erschaffen und braucht ihn. Unser erster ökumenischer Dienst in dieser Zeit muss es sein, gemeinsam die Gegenwart des lebendigen Gottes zu bezeugen und damit der Welt die Antwort zu geben, die sie braucht."

Als Christen sind wir überzeugt, dass die Konzentration auf die Verkündigung des lebendigen Gottes dem Menschen, seiner Würde und seinem Leben zugute kommt. Wir Christen haben deshalb keine wichtigere Aufgabe als die, den lebendigen Gott zu verkünden, den Menschen das Gottesgeheimnis als bergendes Obdach nahe zu bringen und sich für das Gottesrecht des Menschen auf Leben von der Empfängnis bis zum natürlichen Tod gelegen oder ungelegen stark zu machen, unter Umständen bis zur Hingabe des eigenen Lebens. Denn die glaubwürdigsten Zeugen des Glaubens und überzeugendsten Exegeten des Evangeliums sind die Märtyrer, die für den Glauben ihr eigenes Leben hingegeben haben. Die Märtyrer bilden „die mit Blut geschriebenen Archive der Wahrheit."

Die Märtyrer haben damit in exemplarischer Weise vorgelebt, was die Berufung eines jeden Christen ausmacht und was der Erste Petrusbrief mit den eindringlichen Worten zum Ausdruck bringt: „Seid stets bereit, jedem Rede und Antwort zu stehen, der nach der Hoffnung fragt, die euch erfüllt, aber antwortet bescheiden und ehrfürchtig, denn ihr habt ein reines Gewissen. Damit werden die, die euch beschimpfen, weil ihr in (der Gemeinschaft mit) Christus ein recht– schaffenes Leben führt, sich wegen ihrer Ver– leumdungen schämen müssen. Es ist besser, für gute Taten zu leiden, wenn es Gottes Wille ist, als für böse" (3, 15-17). In diesen Worten liegt der Grundentscheid des christlichen Martyriums beschlossen, das heute eine gemeinchristliche Realität darstellt. Wenn wir sie ernst nehmen, können wir nicht nur über das Martyrium der Christen heute reden, sondern sind auch eingeladen, alle Christen, die heute wegen ihres Glaubens verfolgt werden, in unser Gebet einzuschließen, sie mit ihrem Leiden vor Gott zu bringen, ihnen für ihr Glaubenszeugnis zu danken und uns selbst zu einem mutigen und überzeugenden Christsein inspirieren zu lassen.

Prof. Dr. Kurt Cardinal Koch (* 15.03.1950 in Emmenbrücke, Kanton Luzern) ist ein aus der Schweiz stammender Theologe, Kurien-kardinal der Römisch-Katholischen Kirche und ehemaliger Bischof von Basel. Er hat über 60 Bücher und Schriften verfasst, darunter „Mut des Glaubens" (1979) und „Eucharistie" (2005). Kurt Koch war in den Jahren 2007 bis 2009 Präsident der Schweizer Bischofs-konferenz. Papst Benedikt XVI. ernannte ihn am 1. Juli 2010 zum Präsidenten des Päpst-lichen Rates zur Förderung der Einheit der Christen. Kurt Koch folgte in diesem Amt Walter Kardinal Kasper nach.

DISCRIMINATION, PERSECUTION, MARTYRDOM

FOLLOWING CHRIST TOGETHER

Global Consultation | 1.-5. November 2015 | Tirana, Albania

KONFERENZ-BOTSCHAFT

4. November 2015

„Wenn ein Glied leidet, so leiden alle Glieder mit, und wenn ein Glied geehrt wird, so freuen sich alle Glieder mit." (1. Korinther 12,26)

1. Zum ersten Mal in der modernen Geschichte der Christenheit haben sich hochrangige Leiter und Repräsentanten aus verschiedenen kirchlichen Traditionen versammelt, um heute diskriminierten und verfolgten Kirchen und Christen in der ganzen Welt zuzuhören, von ihnen zu lernen und ihnen beizustehen.

2. Diese weltweite Versammlung von 145 Personen fand vom 2. bis 4. November 2015 in Tirana, Albanien, statt, einem Land, das 1967 durch seine Verfassung zu einem atheistischen Staat erklärt wurde und jetzt blühende Kirchen in einem Umfeld von Religionsfreiheit hat, auch wenn noch etwas Diskriminierung übrig geblieben ist.

3. Die Konferenz unter dem Thema Diskriminierung, Verfolgung, Martyrium: Christus gemeinsam

nachfolgen wurde vom Global Christian Forum einberufen, gemeinsam mit dem Päpstlichen Rat zur Förderung der Einheit der Christen (Römisch–katholische Kirche), der Weltpfingstkonferenz, der Weltweiten Evangelischen Allianz und dem Ökumenischen Rat der Kirchen. Sie wurde in enger Zusammenarbeit mit der Orthodoxen Autokephalen Kirche von Albanien, der Albanischen Bischofs–konferenz und der Evangelischen Allianz von Albanien organisiert.

4. Wir sind zusammengekommen, weil Diskri–minierung, Verfolgung und Martyrium von Christen und Menschen anderen Glaubens in verschiedenen Umständen und Kontexten in der heutigen Welt aufgrund einer komplexen Vielfalt von Faktoren wächst.

5. Als Nachfolger Christi können Christen jeder Form von Verfolgung, Leiden und Martyrium ausgesetzt sein, weil die sündige Welt sich dem Evangelium der Errettung widersetzt. Aber von frühester Zeit an haben Christen die Hoffnung und Realität der Auferstehung erlebt, während sie den Weg des Kreuzes gegangen sind. Gemeinsam folgen wir Christus, während wir für alle „nach Gerechtigkeit hungern und dürsten" (Matthäus 5,6).

6. Das Leben der Kirche war über Jahrhunderte in zweierlei Hinsicht ein beständiges Zeugnis: durch die

Verkündigung des Evangeliums Christi und das Zeugnis des vergossenen Blutes der Märtyrer. Das 21. Jahrhundert ist voll von bewegenden Geschichten von gläubigen Menschen, die ihre Hingabe an Christus mit dem Erleiden von Folter und Hinrichtung bezahlt haben. Christliche Märtyrer einen uns in einer Weise, die unsere Vorstellungskraft übersteigt.

7. Wir erkennen an, dass Solidarität zwischen den christlichen Kirchen nötig ist, um das christliche Zeugnis angesichts von Diskriminierung, Verfolgung und Martyrium zu stärken. Im 21. Jahrhundert müssen wir dringend die Solidarität aller Christen stärken, indem wir mit Einblick und Urteilsvermögen aus der Perspektive dieser Konferenz an dem weiterarbeiten, was schon erreicht wurde.

8. Wir tun Buße darüber, dass wir zeitweise in der Geschichte einander oder andere Religionsgemein-schaften verfolgt haben, und wir bitten einander um Vergebung und beten für neue Wege, Christus gemeinsam nachzufolgen.

In Gemeinschaft mit Christus verpflichten wir uns:

Mehr zuzuhören, welche Erfahrungen Christen, Kirchen und all jene machen, die diskriminiert und verfolgt werden, und uns vertieft mit leidenden Gemeinschaften auseinander zu setzen.

Mehr zu beten für Kirchen, Christen und alle, die Diskriminierung und Verfolgung erleiden, und ebenso für die Veränderung derer, die diskriminieren und verfolgen.

Mehr einzutreten für die Leidenden, und zwar mit Respekt und Würdigung, als eine gemeinsame, klare und kräftige Stimme.

Mehr zu tun im gegenseitigen Einverständnis, um wirksame Weisen der Solidarität und Unterstützung zu finden mit dem Ziel der Heilung, Versöhnung und Religionsfreiheit von allen unterdrückten und verfolgten Menschen.

9. Im Hören auf die Erfahrung derer, die durch herausfordernde Zeiten gehen, betend und in der gemeinsamen Suche nach Wegen, um Christus in dieser schwierigen Situation nachzufolgen, appelliert die Konsultation an folgende Gruppen:

Alle Christen, dass sie diejenigen stärker in ihre täglichen Gebete einbeziehen, die für die Vollendung von Gottes Reich diskriminiert oder verfolgt werden und leiden.

Alle christlichen Organisationen auf regionaler, nationaler und lokaler Ebene und verschiedener Traditionen, dass sie gemeinsam dort, wo sie sind, lernen, beten und zusammenarbeiten, um sicher–

zustellen, dass die Verfolgten besser unterstützt werden.

Alle Kirchen, dass sie sich stärker im Dialog und der Zusammenarbeit mit anderen Glaubensgemeinschaften engagieren, und dabei so „klug wie die Schlangen und ohne Falsch wie die Tauben" sind (Matthäus 10,16), indem sie wachsam, aufmerksam und furchtlos bleiben angesichts von Diskriminierung und Verfolgung.

Alle Verfolger, die Christen diskriminieren und unterdrücken und die Menschenrechte verletzen, dass sie mit ihrem Missbrauch aufhören und das Recht aller Menschen auf Leben und Würde anerkennen.

Alle Regierungen, dass sie die Religions- und Weltanschauungsfreiheit aller Menschen als ein grundlegendes Menschenrecht respektieren und schützen. Wir appellieren auch an die Regierungen und internationalen Organisationen, Christen und alle anderen Menschen guten Willens zu respektieren und vor Bedrohung und Gewalt, die im Namen der Religion begangen wird, zu schützen. Außerdem bitten wir sie, für Frieden und Versöhnung zu arbeiten, sich um die Beilegung andauernder Konflikte zu bemühen und Waffenlieferungen zu stoppen, besonders an jene, die die Menschenrechte verletzen.

Alle Medien, dass sie in angemessener und unvor—eingenommener Weise über Verletzungen der Religionsfreiheit berichten, einschließlich der Diskri—minierung und Verfolgung von Christen, wie auch anderer Glaubensgemeinschaften.

Alle Bildungseinrichtungen, dass sie Möglichkeiten schaffen und Programme entwickeln, um insbeson—dere junge Menschen Menschenrechte und religiöse Toleranz zu lehren und Heilung der Erinnerungen und Feindseligkeiten der Vergangenheit sowie fried—liche Wege der Konfliktlösung und Versöhnung zu vermitteln.

Alle Menschen guten Willens, dass sie für Gerech—tigkeit, Frieden und Entwicklung arbeiten, in der Einsicht, dass Armut und Missachtung der Men—schenwürde wesentlich zu Gewalt beitragen.

10. Wir empfehlen, dass das Global Christian Forum innerhalb von zwei Jahren die Arbeit dieses Treffens evaluiert und allen vier beteiligten Körperschaften darüber Bericht erstattet, damit diese der Sache weiter nachgehen.

Möge Gott, der Vater, der uns in Seiner Gnade gleich erschaffen hat, unsere Bemühungen zur Überwindung aller Formen von Diskriminierung und Verfolgung stärken.

Möge Sein Heiliger Geist uns leiten in Solidarität mit all jenen, die Frieden und Versöhnung suchen.

Möge Er die Wunden der Verfolgten heilen und uns Hoffnung geben, während wir uns auf das herrliche Kommen unseres Herrn Jesus Christus freuen, der alle Dinge neu machen wird.

Resolution

Kongress „Christenverfolgung heute"

Schwäbisch Gmünd, im November 2015

Wir, die Unterzeichner, begrüßen es und nehmen mit Freude zur Kenntnis, dass der Deutsche Bundestag auf Antrag fast aller in ihm vertretenen Fraktionen im Juni 2015 beschlossen hat, die Bundesregierung zu beauftragen, einen Bericht zur weltweiten Lage der Religions- und Glaubensfreiheit zu erstellen.

Dieser Beschluss, besonders weil er so einmütig gefasst wurde, ist ein deutliches Zeichen der Bundesrepublik Deutschland gegen das Wegsehen hinsichtlich der weltweiten Zunahme von Missachtungen grundlegender Menschenrechte. Die Signalwirkung dieses Berichts ist darum von großer Bedeutung, auch für die Europäische Union.

Religions- und Glaubensfreiheit ist ein Schlüssel– indikator der Verwirklichung von Menschenrechten und zugleich eine unabdingbare Grundlage rechts– staatlicher Entwicklung. Der Kongress „Christen– verfolgung heute" vom 15. bis 18. November 2015 hat erneut auf vielfältige und erschreckende Weise deutlich gemacht, in wie vielen Ländern gerade auch Christen um ihres Glaubens willen leiden und benachteiligt werden und dass es zur weltweiten Verwirklichung der Religionsfreiheit noch ein weiter Weg ist.

Die Unterzeichner, Teilnehmende am Kongress „Christenverfolgung heute", weisen auf die folgenden, aktuell wichtigen Punkte hin und bitten um politische Berücksichtigung und Umsetzung derselben:

1) In Anbetracht aktueller weltweiter Entwicklungen, die eine Verschärfung des Problems grundlegender Menschenrechte, im Besonderen des Rechts auf Religions- und Glaubensfreiheit erkennen lassen, sollte die Bundesrepublik Deutschland den genannten Bericht regelmäßig erstellen lassen. Dadurch kann ein Bewusstsein für dieses Menschenrecht in der politischen, gesellschaftlichen und wirtschaftlichen Wahrnehmung unseres Landes verankert werden.

Eine Nachhaltigkeit des nun entstehenden Berichts

und seiner Nutzung durch die Vertreter unseres Landes im Ausland, seien es politische oder diplomatische, kann nur durch eine Verstetigung des Berichts gewährleistet werden (dies betrifft beispiels-weise die Diplomatenausbildung).

Der deutsche Bericht könnte beispielgebend für weitere europäische Anstrengungen auf dem Gebiet der Religions- und Glaubensfreiheit werden und eine wichtige deutschsprachige Ergänzung zu anderen auf diesem Gebiet erscheinenden Berichten sein.

2) Um die Nachhaltigkeit des Themas und dessen entsprechende Wahrnehmung von Problemen im internationalen Zusammenhang zu verstärken, empfehlen wir den Aufbau von Kompetenzpools und -netzwerken der zuständigen staatlichen Stellen mit NGOs (Nichtregierungsorganisationen), die langjäh-rige Erfahrung mit Religions- und Glaubensfreiheit haben. Es besteht ein grundlegender Zusammenhang zwischen Einschränkungen von Religions- und Glaubensfreiheit einerseits und gesellschaftlichen Konflikten / Kriegen im nationalen wie internatio-nalen Kontext andererseits. Viele NGOs haben hiermit umfangreiche Erfahrungen und wissen, dass sich diese Konflikte ohne ein Verständnis ihrer religiösen Hintergründe weder verstehen noch lösen lassen. Durch die Einbindung solcher NGOs kann ein wesentlicher Kompetenz-zuwachs bei den staatlichen Stellen Deutschlands erzielt werden.

3) Ein sehr wichtiges und auch konkretes Thema der Religions- und Glaubensfreiheit soll abschließend noch benannt und als Aufgabe von höchster politischer Brisanz aufgezeigt werden. Wesentliches Kennzeichen der vollwertigen Umsetzung von Religions- und Glaubensfreiheit ist die Möglichkeit, dass ein Mensch seine Religionszugehörigkeit im Laufe seines Lebens ändern kann. Genau dies ist aber in den vergangenen Jahren in vielen Ländern, die angeblich Religions- und Glaubensfreiheit umsetzen, auf unterschiedliche Weise eingeschränkt worden. In vielen Ländern gibt es heute sogar (abgesehen vom gesellschaftlichen, familiären oder sozialen Druck) Anti-Konversions-Gesetze. Das Annehmen einer anderen Religion wird darin mit strafrechtlichen Konsequenzen verboten.

Die Bundesrepublik Deutschland unterhält mit vielen dieser Länder aktive oder passive Wirtschaftsbeziehungen. Wir empfinden das als sehr kritisch und fordern, dass Politik und Verwaltung bei jeder Gelegenheit auf diesen Missstand hinweisen und wirtschaftliche und andere kooperative Beziehungen diesbezüglich überprüfen.

Grundlegende Menschenrechte sind kein Luxus einiger Menschen, die zufällig im „richtigen" Land leben, sondern eben grundlegend, und somit für alle Menschen zum Leben nötig, so wie Gesundheit und das Recht auf Nahrung und Kleidung. Dies zeigt aktuell auch die Flüchtlingswelle, die wir in Europa erleben: viele sind auch aus Gründen der Religions- und Glaubensfreiheit geflohen.

Christenverfolgung heute –
Gedenket der Märtyrer
Kongress vom 15. bis 18. November 2015

Veranstalter:

Kooperationspartner

agr Arbeitsgemeinschaft Religionsfreiheit

HELFENDE HÄNDE
für die Armen e.V.

Deutsche Vereinigung
für Religionsfreiheit e.V.

IKBG
Internationale Konferenz
Bekennender Gemeinschaften

Schweizerische
Evangelische
Allianz

ZENTRALRAT
ORIENTALISCHER
CHRISTEN IN
DEUTSCHLAND E.V.

EVANGELISCHE LANDESKIRCHE
IN WÜRTTEMBERG